ABEL HERMANT
de l'Académie française

LA GRAMMAIRE
DE
L'ACADÉMIE FRANÇAISE

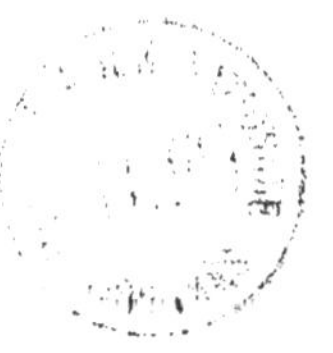

Discours prononcé à la séance publique
des cinq Académies
le 25 octobre 1930.

FIRMIN-DIDOT ET Cie
IMPRIMEURS DE L'INSTITUT
56, rue Jacob, PARIS

LA GRAMMAIRE

DE

L'ACADÉMIE FRANÇAISE

ABEL HERMANT
de l'Académie française

LA GRAMMAIRE
DE
L'ACADÉMIE FRANCAISE

*Discours prononcé à la séance publique
des cinq Académies
le 25 octobre 1930.*

FIRMIN-DIDOT ET Cie
IMPRIMEURS DE L'INSTITUT
56, rue Jacob, PARIS

LA GRAMMAIRE DE L'ACADÉMIE

Messieurs,

L'Académie française me donne aujourd'hui la parole pour faire la publication officielle de ce que l'on appelle discrètement, dans le langage des cours, un heureux événement.

Vous devinez de quelle naissance prochaine il s'agit. C'est notre grammaire, maintenant achevée, qui verra bientôt le jour, en conformité des articles 24 et 26 de nos statuts, dont le texte fut arrêté dès les premières séances de la Compagnie, en mars et en avril 1634, il y a donc à peine deux cent quatre-vingt-seize ans et demi.

Il ne faut pas croire que, durant ces trois siècles (pour faire le compte rond), l'Académie n'ait pas « travaillé avec tout le soin et toute la diligence possible », ainsi que l'article 24 le lui prescrit, « à donner des règles certaines à notre langue et à la rendre pure, éloquente et capable de traiter les arts et les sciences ».

L'article 26 ordonnait qu'il fût composé « un Dictionnaire, une Grammaire, une Rhétorique et une Poétique sur les observations de l'Académie ». Suivant ces indications à la lettre, l'Académie a commencé par le dictionnaire, dont la septième édition a paru en 1878. Elle semble avoir renoncé à la rhétorique et à la poétique, qui ne sont plus au goût de notre temps : c'est une petite hardiesse que personne, j'imagine, ne lui reprochera; mais, depuis ses premiers jours jusqu'aujourd'hui, elle n'a pour ainsi dire pas cessé un instant de songer à la grammaire, à sa grammaire.

« Bah? diront les malintentionnés. Est-il possible? Mais... on le saurait. » Eh! Messieurs, sait-on jamais ce qui se passe chez nous?

Ce n'est pas que nous soyons bien boutonnés. Comme le bocage du poète, notre bois sacré est sans mystère. Mais, outre que les informateurs ne prennent pas souvent la peine de s'informer, les nouvellistes sont affectés d'une sorte de perversion qui fait qu'ils auront toujours une préférence, un faible pour les fausses nouvelles.

L'Académie française est, à cet égard, privilégiée. On dirait qu'il y a sur elle un sort, comme parlent les braves gens; si bien que moi-même je croirais pécher par trop de confiance en moi, si je m'engageais à vous dire, sur un sujet académique, toute la vérité et rien que la vérité. Essayons toujours.

Je n'ai du moins pas menti en affirmant que l'Académie française avait eu dès son établissement l'idée fixe de cette grammaire, souhaitée par un fondateur exigeant dont les désirs étaient des ordres.

Avec Chapelain, en ce temps-là son oracle, elle estimait sans doute « qu'avant toutes choses il fallait dresser un Dictionnaire qui fût comme le trésor et le magasin des termes simples et des phrases reçues, après lequel il ne resterait, pour achever la Grammaire, qu'un traité exact de toutes les parties de l'oraison et de toutes les constructions régulières et irrégulières, avec la résolution des doutes qui peuvent naître sur ce sujet ». Mais l'affaire du *Cid,* qui survint moins de deux années plus tard, bouleversa cet ordre raisonnable.

On sait que Scudéry, sans mécontenter Richelieu, avait publié d'assez impertinentes *Observations sur le Cid,* à quoi Corneille répondit par une *Lettre apologétique.* Après un vif échange de libelles, Scudéry sollicita l'arbitrage de la Compagnie, « qui marqua d'abord, dit Pellisson, beaucoup de répugnance pour ce dessein... Les plus judicieux de ce corps disaient que l'Académie, qui ne faisait que de naître, ne devait point se rendre odieuse par un jugement qui peut-être déplairait aux deux partis, et qui ne pouvait manquer d'en désobliger pour le moins un, c'est-à-dire une grande partie de la France... qu'enfin M. Corneille ne demandait point ce jugement, et que, par les statuts de l'Académie, et par les lettres de son érection, elle ne pouvait juger d'un ouvrage que du consentement et à la prière de l'auteur. »

Sur ce, Boisrobert ayant été dépêché à Rouen, Corneille lui dit d'assez mauvaise grâce : « Messieurs de l'Académie peuvent faire ce qu'il leur plaira. » Richelieu n'en demandait point davantage, et la Compagnie reçut l'ordre de donner son sentiment sur *Le Cid*.

Elle s'avisa, en y travaillant, qu'un tel ouvrage n'était pas seulement une leçon de critique, mais aussi une leçon de grammaire ; et plusieurs des Quarante estimèrent qu'elle remplirait mieux sa tâche en examinant d'autres pièces de théâtre ou des livres, comme elle avait fait *le Cid,* qu'en composant un véritable traité de l'art de parler et d'écrire correctement. Par malheur, aucun auteur après Corneille ne se souciait de dire : « Messieurs de l'Académie peuvent faire ce qu'il leur plaira. »

Cependant, l'on se souvint que Vaugelas, à qui l'Académie venait de confier la « charge principale » du Dictionnaire, « avait dès son enfance fort étudié la langue française » et fait depuis longtemps sur cette matière « de belles et curieuses remarques », qu'il avait offertes à la Compagnie. La Compagnie ne se borna pas à en agréer l'hommage : elle adopta les *Remarques* de Vaugelas, et persuadée que ces *Remarques* étaient la meilleure des grammaires, elle en donna de nouvelles éditions, après les avoir revisées et complétées d'observations de Patru et de Thomas Corneille.

Elle croyait si fermement à la vertu instructive de ces sortes de recueils qu'elle en commanda deux, de ses propres *Remarques et décisions*, à l'abbé Tallemant et à l'abbé de Choisy; mais elle refusa d'avouer le second, et n'autorisa la publication du premier qu'à condition que l'auteur le signerait, au moins de son initiale.

C'est un tout petit livre, d'une rédaction appliquée et naïve, qui apprête parfois à sourire, mais que l'on ne saurait lire sans attendrissement. On croit assister aux premières séances de l'Académie, où nos illustres aînés cherchaient en tâtonnant et presque sans méthode à déterminer le bon usage du français. Chacun d'eux répondait fort exactement à la définition de l'honnête homme qu'a donnée La Rochefoucauld : « L'honnête homme est celui qui ne se pique de rien »; et ils ne se piquaient de rien moins que de former un corps savant.

Ainsi, nous lisons, à la page 141 des *Remarques et Décisions de l'Académie françoise recueillies par l'abbé T.* en 1698, que l'on a disputé sérieusement, et longuement, s'il faut dire *menez-y-moi*, *menez-m'y* ou *menez-moi-z-y*. « On a fort rebuté *menez-moi-z-y*, dit le bon abbé Tallemant, et il est certain que cette terminaison de *moi-z-y* déplaît à l'oreille, quoique la raison dût maintenir la construction. » Vous avez bien entendu : « QUOIQUE LA RAISON DUT MAINTENIR LA CONSTRUCTION »! Ce n'est qu'après délibération, et non dans un mouvement d'horreur spontané, que l'Académie s'est résolue, la mort dans l'âme, à condamner *menez-moi-z-y!* Il paraît que « l'autorité de M. de Vaugelas a beaucoup contribué à cette décision ». Que de grâces nous devons à M. de Vaugelas!

Ailleurs, sous ce titre : Comment l'article ILS se prononce devant une voyelle, nous trouvons ceci : « Plusieurs soutiennent que Is *on dit*, Is *ont fait*, est la meilleure façon de prononcer et en allèguent une raison très naturelle, qui est qu'au singulier et même au pluriel quand il n'y a point de voyelle, *il* se prononce comme s'il n'y avait qu'un *i*, *i dit partout, i racontent qu'un jour...* »

Messieurs, amis de la langue française, ne vous chagrinez donc pas, et n'allez pas croire que venus trop tard dans un monde trop vieux, vous n'arriverez jamais, en dépit de votre zèle, à parler mieux que la concierge. C'est peut-être quand vous parlez comme elle que vous parlez comme les marquis de Molière, puisqu'ils s'exprimaient ainsi couramment :

— I m'a dit : « Menez-moi-z-y. »

Il se peut d'ailleurs que ces façons de parler et de prononcer, qui nous semblent aujourd'hui bizarres, ne fussent pas, à l'époque même, approuvées de tous les habiles : « Chaque province a ses défauts, Paris n'en est pas exempt, écrivait Fénelon. La cour même se ressent un peu du langage de Paris, où les enfants de la plus haute condition sont d'ordinaire élevés. Les personnes les plus polies ont de la peine à se corriger sur certaines façons de parler qu'elles ont prises pendant leur enfance, en Gascogne, en Normandie, ou à Paris même, par le commerce des domestiques. »

La fameuse *Lettre à l'Académie*, d'où est tirée cette citation, parut en 1716. Une quinzaine d'années auparavant, la Compagnie avait presque soudain changé de façon de voir sur la grammaire. Il ne lui paraissait plus que des *examens*, ou des recueils tels que celui de Tallemant, ou même les *Remarques* de Vaugelas en pussent tenir lieu. Elle pensait maintenant qu'une grammaire doit être une grammaire, c'est-à-dire « un ouvrage de système et de méthode ». Elle reconnut aussi, dit l'abbé d'Olivet, qu'un tel ouvrage « ne peut être conduit que par une personne seule », et elle en confia le soin au secrétaire perpétuel, l'abbé Régnier-Desmarais.

Le Traité de la grammaire française, commencé en 1701, achevé cinq ans plus tard, est un gros livre de sept cents pages, fort nourri, mais embarrassé de détails que l'on peut trouver superflus, plein de science et, partant, de doute philosophique, en un mot tout le contraire de ce que doit être une grammaire de l'Académie française ; car il n'y a point de place dans un code pour le doute et pour la discussion, ni même pour le commentaire.

Aussi la Compagnie en laissa-t-elle l'honneur, en même temps que la responsabilité, à l'auteur, qui eut licence de publier son traité, mais dut le signer de son nom; et la grammaire de Régnier-Desmarais ne fut pas encore la Grammaire de l'Académie.

Fénelon fait visiblement allusion à cet ouvrage dans sa *Lettre,* quand il écrit : « Un savant grammairien court risque de composer une grammaire trop curieuse et trop remplie de préceptes. »

Par comparaison, il indique un plan de grammaire qui est le plus sage du monde et le plus prudent, disant « qu'il faut se borner à une méthode courte et facile. Ne donnez d'abord que les règles les plus générales : les exceptions viendront peu à peu. Le grand point est de mettre une personne le plus tôt qu'on peut dans l'application sensible des règles par un fréquent usage; ensuite cette personne prend plaisir à remarquer le détail des règles qu'elle a suivies d'abord sans y prendre garde. » Fénelon toutefois semble définir plutôt une grammaire *ad usum Delphini,* à l'usage des classes, et même des commençants, singulièrement des étrangers, qu'un livre d'autorité comme doit être la Grammaire de l'Académie.

Il ajoute :

« Cette grammaire ne pourrait pas fixer une langue vivante ; mais elle diminuerait peut-être les changements capricieux par lesquels la mode règne sur les termes comme sur les habits. Ces changements de pure fantaisie peuvent embrouiller et altérer une langue, au lieu de la perfectionner. »

Fénelon touche ici le point de la question. Une fois de plus, il affirme la souveraineté de l'usage que nul ne conteste ; il reconnaît la légitimité, la nécessité de ses variations ; il les distingue des caprices de la mode ; en d'autres termes, il avoue, du moins par prétérition, le droit qu'ont les habiles de contrôler, de filtrer l'usage, de déterminer le « bon usage ».

Tâche, par parenthèse, presque aussi délicate que celle qui consiste, dans la politique, à dégager de ses expressions multiples et confuses la « volonté nationale », dont nul ne conteste non plus la souveraineté. Les habiles, pour discerner le bon usage, ne peuvent guère se fier que sur leur bon goût, qui n'est pas infaillible. Du moins ils ne sont pas tenus de s'incliner devant la majorité de l'opinion. « Les habiles » ne sont pas « les nombreux », ils ne sont jamais la majorité. C'est pourquoi peut-être ils n'ont pas toujours tort.

On s'étonne que Fénelon, si clairvoyant, ne semble pas avoir aperçu d'abord que la souverainété de l'usage s'exerce de façon toute différente sur le vocabulaire ou sur la grammaire. Elle n'a, dans ce dernier domaine, qu'un jeu extrêmement réduit.

Il est vrai qu'on ne fixe pas une langue vivante; mais cela doit s'entendre des mots ou des locutions, qui naissent, meurent et, s'ils durent, changent perpétuellement de sens ou de valeur : ces changements sont l'objet de la sémantique, laquelle est une annexe de la biologie. En revanche, on ne voit pas que les règles essentielles de la grammaire aient changé depuis plusieurs siècles, et l'on devait s'attendre à cette immutabilité, vu que les règles essentielles de la grammaire correspondent, dans leur humble sphère, à des règles immuables de l'esprit humain.

Les néologismes les plus téméraires y sont soumis. Un adjectif, fût-il né d'hier et barbare, s'accorde en genre et en nombre avec le substantif qu'il qualifie, lors même que ce substantif serait aussi un barbarisme révoltant. Les affreux verbes de la première conjugaison que l'on forge tous les jours sans ombre d'utilité, ne se conjuguent pas moins comme le vieux verbe *aimer*. *Augmenter*, qui n'a pas de rancune, permet à *intensifier*, et même lui enjoint de se conjuguer comme lui : et puisqu'il plaît maintenant aux gens du monde, voire à certains hommes de lettres, de dire : « Cette femme m'*insupporte* », il faudra bien que, s'ils s'adressent à « cette femme » directement, ils lui disent : « Madame, il ne me conviendrait pas que vous m'*insupportassiez* plus longtemps. »

Les règles de la grammaire ne sont pas toutes

si arbitraires ou si étrangères à la raison qu'on le prétend; mais, supposé qu'elles le fussent, elles sont certaines. Elles ne sont pas non plus tombées en désuétude comme le voudraient bien les illettrés. Nous ne saurions plus dire, comme Molière, que la grammaire régente jusqu'aux rois; mais nous pouvons dire hardiment qu'elle a survécu aux révolutions.

La seule nouveauté est qu'il y a maintenant plus de personnes qui l'ignorent et qui se croient néanmoins bien élevées et instruites. L'Académie ne vise qu'à les détromper et à les servir, en leur mettant entre les mains un rudiment pour compléter la *Civilité puérile et honnête,* dont plusieurs articles semblent aussi, par le temps qui court, être devenus lettre morte.

Voilà, direz-vous peut-être, Messieurs, une ambition étrangement modeste, et vous soupçonnerez l'orateur de l'Académie de prendre des précautions oratoires. Il ne s'en défendra pas : elles sont rarement superflues en pareille occurrence. Lorsque l'heureux événement dont je suis le messager avient dans la société des princes, leurs peuples trouvent toujours de bonnes raisons ou de méchants prétextes pour se déclarer déçus; et lorsque c'est une montagne en mal d'enfant qui jette une clameur si haute que chacun accourt au bruit, vous n'ignorez pas ce qu'on dit.

L'Académie française sait bien que ses censeurs ordinaires ne feront pas faute de le dire, quand ils verront sur la table un petit volume qui, encore une fois, n'est pas à l'intention des écoles, mais qui, par son format et par son importance, ne diffère pas sensiblement des livres de classe. Elle sait ce que diront les censeurs et, d'avance, elle se résigne; mais elle n'est pas fâchée non plus d'avoir prévenu leurs critiques et, comme on parle dans le jargon des théâtres, coupé leur effet.

Elle se fait surtout un devoir d'éclairer l'opinion, qui, hostile ou sympathique et déférante, ne semble pas bien connaître l'objet, les attributions de notre Compagnie, l'étendue de sa compétence et les limites de son autorité.

Qu'ont dit, en effet, les hommes de bonne volonté, quand a nouvelle s'est répandue, environ la fin de décembre 1928, que les Quarante allaient se mettre à l'une des besognes que l'article 26 leur prescrit?

— Enfin, nous allons avoir une grammaire!

Comme si nous avions attendu pour en avoir une le douzième mois de l'année 1928 et le bon plaisir de l'Académie française!

Mais, pour ces braves gens, qui ne pèchent que par excès de foi, une seule grammaire peut faire loi, celle de l'Académie, et nous vivions donc jusqu'ici dans une anarchie désolante. Ils veulent être gouvernés, ils ne l'étaient pas.

Ils veulent obéir, et ils tiennent que l'Académie seule a le droit de les commander : *ruunt in servitutem*. L'Académie est touchée de cette superstition, mais elle doit la combattre, comme l'Église combat la crédulité.

Tandis que les hommes de bonne volonté s'écriaient ainsi *Thalatta! Thalatta!* comme les Dix mille de Xénophon quand des hauteurs de Trapézonte ils découvrirent le Pont-Euxin, les hommes de mauvaise volonté souriaient et murmuraient, avec une ironie trois fois centenaire :

— La grammaire de l'Académie? Nous sommes bien tranquilles, nous ne l'aurons jamais.

L'Académie, qui a le respect de toutes les traditions, ne se formalise pas de ces plaisanteries classiques sur sa lenteur. Elle compatit aux impatiences avec d'autant plus de sincérité qu'elle sait son avantage de pouvoir être, quant à elle, patiente indéfiniment.

Mais, à leur tour, les hommes de plus mauvaise volonté, les rétifs, ont dit :

— L'Académie veut nous imposer une grammaire? A quel titre? De quel droit?

Et ils ont fait le ferme propos de n'en tenir nul compte, voire de commettre exprès les fautes qui leur seraient signalées par cette puissance qu'ils ne reconnaissent pas.

A qui en ont ces hommes, de mauvaise humeur plus encore que de mauvaise volonté? L'Académie n'interdit pas, elle ne se flatte même pas d'épargner à ceux qui ne veulent rien entendre les fautes qu'elle signale, et qu'elle n'est pas d'ailleurs la première à signaler. Elle ne prétend dicter à personne des règles qu'elle consacre mais qu'elle n'a pas inventées, qu'elle n'aurait pas même le pouvoir de réformer, que les insoumis peuvent violer à leur gré impunément; car elle ne dispose d'aucun moyen de répression, son autorité est purement morale, elle est aussi désarmée que la Société des Nations.

Elle ne jouera même pas de son prestige.

Elle présentera sa grammaire dans le plus simple appareil. Les exemplaires, même de luxe, ne seront pas scellés du grand sceau de cire verte, sur lacs de soie rouge et verte.

Mais elle mettra sa signature à la page de titre et sa signature seule. La Grammaire de l'Académie française sera — enfin — la Grammaire de l'Académie française. Et si jamais vous entendiez citer auprès du sien des noms propres de personnes, vous pourriez répondre en toute sûreté que ce sont encore de fausses nouvelles académiques.

www.ingramcontent.com/pod-product-compliance
Lightning Source LLC
LaVergne TN
LVHW012103170726
843501LV00008BB/2746

* 9 7 8 2 3 2 9 6 4 7 7 2 2 *